BEI GRIN MACHT SICH IHR WISSEN BEZAHLT

- Wir veröffentlichen Ihre Hausarbeit,
  Bachelor- und Masterarbeit

- Ihr eigenes eBook und Buch -
  weltweit in allen wichtigen Shops

- Verdienen Sie an jedem Verkauf

Jetzt bei www.GRIN.com hochladen und kostenlos publizieren

Marktformen, Quellen der Marktmacht und Arten von Gütern

Anabel Seidel

Bibliografische Information der Deutschen Nationalbibliothek:

Die Deutsche Nationalbibliothek verzeichnet diese Publikation in der Deutschen Nationalbibliografie; detaillierte bibliografische Daten sind im Internet über http://dnb.d-nb.de abrufbar.

ISBN: 9783346837455
Dieses Buch ist auch als E-Book erhältlich.

Druck und Bindung: Books on Demand GmbH, Norderstedt Germany
Gedruckt auf säurefreiem Papier aus verantwortungsvollen Quellen

Das vorliegende Werk wurde sorgfältig erarbeitet. Dennoch übernehmen Autoren und Verlag für die Richtigkeit von Angaben, Hinweisen, Links und Ratschlägen sowie eventuelle Druckfehler keine Haftung.

Das Buch bei GRIN: https://www.grin.com/document/1337766

Hausarbeit

Allgemeine Volkswirtschaftslehre

Alternative A

von
Anabel Seidel

Studiengang: Betriebswirtschaft und interkulturelle Kommunikation (B.A.)

Inhaltsverzeichnis

Gender Erklärung

Aus Gründen der besseren Lesbarkeit wird in dieser Einsendeaufgabe die Sprachform des generischen Maskulinums angewendet. Es wird an dieser Stelle darauf hingewiesen, dass die Verwendung der männlichen Form geschlechtsunabhängig verstanden werden soll.

Abkürzungsverzeichnis

z.B.   zum Beispiel

EZB   Europäische Zentralbank

Vgl.   vergleiche

1. Aufgabe

1.1 Marktformen und Quellen der Marktmacht

Der Markt ist ein ökonomischer Ort, an dem Nachfrager auf Anbieter von Gütern und Dienstleistungen treffen. Ziel der Anbieter ist es, ihre Angebote zu einem höchstmöglichen Preis zu verkaufen. Im Gegensatz dazu möchte der Nachfrager so wenig wie möglich bezahlen.[1]

Eine Unterteilungsmöglichkeit der Märkte ist die Trennung vom Faktormarkt und Gütermarkt, wobei ersterer weiter in den Arbeitsmarkt, Grundstücksmarkt und Kapitalmarkt unterteilt wird und letzterer sich aus dem Konsumgütermarkt sowie dem Investitionsgütermarkt zusammensetzt.

Nach Heinrich von Stackelbergs (1905-1946) Marktformenschema können Märkte auch nach dem Prinzip „Menge der Nachfrage im Vergleich zum Angebot" einteilen. Dabei wird zwischen neun Arten differenziert. Sie ergeben sich aus der Anzahl der Anbieter im Vergleich zur Anzahl der Nachfrager. Dabei unterscheidet Stackelberg auf der Seite des Angebots sowie auf der Seite der Nachfrage zwischen einem, wenigen oder vielen Anbietern und Nachfragern.

Anbieter / Nachfrager	viele	wenige	einer
viele	Polypol	Oligopol	Monopol
wenige	Oligopson	bilaterales Oligopol	beschränktes Monopol
einer	Monopson	beschränktes Monopson	bilaterales Monopol

Tabelle 1: Marktformenschema nach Heinrich von Stackelberg
(Quelle: eigene Darstellung, in Anlehnung an Schenk, Schanz, Koch 2018, S. 80)

---

[1] Vgl. Weitz und Eckstein 2011, S. 32

Treffen viele Anbieter auf viele Nachfrager, ist die Rede von einem Polypol. Hierbei kann der einzelne Anbieter im Gegensatz zum Monopol die Preisbildung nicht bestimmen, da sein Anteil am Markt zu gering ist.

Ist die Rede vom vollkommenen Markt, ist ein Polypol gemeint.

Dieser vollkommene Markt existiert jedoch rein in der Theorie, da der vollkommene Markt den unmöglichen idealen Fall darstellt. Dazu müsste viel Angebot auf viel Nachfrage treffen, jeder Teilnehmer müsste rein rational und transparent handeln, Güter müssten ausschließlich homogen sein und es müsste eine enorme Reaktionsgeschwindigkeit herrschen.

Gibt es hingegen nur einen Anbieter und viel Nachfrage, ist die Rede von einem Monopol. Hier hat der Anbieter die Möglichkeit, den Preis autonom zu bestimmen, da er der einzige Anbieter ist. In der Praxis liegen Märkte zwischen dem Mono- und Polypol und gehen fließend ineinander über.[2]

Hat es ein Unternehmen – allein oder in Zusammenarbeit mit einem anderen - geschafft, die Macht am Markt zu erlangen, trachtet es nicht nur danach, sondern wird dadurch auch fähig, das den Nachfragenden eigentlich zur freien Auswahl stehende Angebot an Gütern gezielt einzuschränken und unter ein Niveau zu senken, welches der Konsument erwartet, würde der Wettbewerb am Markt funktionieren.[3]

Dies bezieht sich auf die Qualität, Menge sowie den Preis des Produktes. Der Anbieter kann den Preis höher ansetzen, als dieser im Polypol wäre, da die Nachfragenden keine Ausweichmöglichkeiten haben. Diese Marktmacht kann beispielsweise durch einen vorangegangenen Verdrängungswettbewerb aus einem Oligopol oder durch den Besitz der Patentrechte an einem Produkt entstehen. [4]

Marktmacht im Sinne von Marktbeherrschung führt somit tendenziell dazu, die Konkurrenz auszuschalten und damit auch den Wettbewerb. Der Wettbewerb versagt dann. Doch es ist gerade der funktionsfähige Wettbewerb, der Freiheit,

---

[2] Vgl. Schenk, Schanz, Koch 2018, S. 80-82
[3] Vgl. Zohlnhöfer 1974, S. 421
[4] Vgl. Schenk, Schanz, Koch 2018, S. 80-82

Leistung und Fortschritt am Markt ermöglicht. Ein Markt ist praktisch nur dann vollkommen bzw. ein Polypol, wenn auch die Konkurrenz vollkommen ist. Durch erworbene Marktmacht entsteht aber ein Monopol.[5]

Um die Marktmacht zu erlangen, gibt es unterschiedliche Quellen:

Eine mögliche Quelle von Marktmacht ist das der exklusive Besitz einer entscheidenden Ressource für die Herstellung des angebotenen Produkts. Dies ist eine, zwar selten auftretende, aber Mögliche Ursache für ein Monopol am Markt. Das Unternehmen kann sich so zumindest für einen bestimmten Zeitraum ein Alleinstellungsmerkmal aufbauen.[6]

Eine weitere Möglichkeit ist das Wachstum eines Unternehmens - ein Wachstum auf der Basis bzw. infolge von Zusammenschlüssen von Unternehmen.[7] (Beispielsweise haben „Merkur" und „Billa" sich innerhalb der REWE-Gruppe im April 2021 in Österreich zusammengeschlossen und diktieren vor allem „SPAR", „HOFER" und „LIDL" die Preise[8]).

Ein Monopol kann jedoch auch auf natürliche Weise entstehen. Das kann durch Kosten, die auf lange Sicht laufend fallen. Beispiele dafür sind Telefonnetze, die zwar hohe Fixkosten haben, jedoch günstig in den variablen Kosten ausfallen. Ein natürliches Monopol, das volkswirtschaftliche Vorteile bringt, bedeutet trotzdem nicht für ein Unternehmen, keinen Grenzen zu unterliegen.

Dafür treten Regulierungen wie Obergrenzen für Preise und Gewinne in Kraft.[9] Marktmacht kann ein Unternehmen auch durch Patent- und Urheberrechte erlangen. Hat ein Erfinder sein Produkt als Patent angemeldet, tritt eine Schutzfrist in Kraft, die ihn über einen bestimmten Zeitraum vor Konkurrenz schützt. Dies soll

---

[5] Vgl. Zohlnhöfer (1974), S. 421
[6] Vgl. Strotebeck (2020), S. 249
[7] Vgl. Schenk et al. (2018), S. 82
[8] Vgl. Kainrath (2021)
[9] Vgl. Kocher (2009), S. 32

helfen, die Kosten für den Entwicklungsaufwand auszugleichen. Auch in der Musik- und Filmbranche gibt es Urheberrechte zum Schutz der Künstler.[10]

1.2 Kosten für Haushalte und soziale Kosten aus einem Monopol

Je nachdem, ob es sich um einen vollkommenen (Polypol) oder unvollkommenen (Monopol oder Oligopol) Markt handelt, hat das Konsequenzen für den Konsumenten und die gesellschaftliche Wohlfahrt. Im Polyol setzt sich der Preis dem Grenzertrag gleich. Der Nachfragende kauft das Produkt zum Marktpreis. Dieser Marktpreis steht in direktem Zusammenhang mit der Anzahl der Nachfrage. Durch die Gegenüberstellung des Angebots und der Nachfrage entsteht am Markt ein Gleichgewicht.

Handelt es sich jedoch um ein Monopol, liegt der Preis pro Stück über dem Grenzertrag. Der Monopolist hat die Möglichkeit, den Preis festzusetzen und dadurch die Absatzmenge zu bestimmen oder die Absatzmenge durch die Nachfrage zu bestimmen und dadurch den Preis festzulegen.

Durch die höheren Preise für den Konsumenten ergibt sich somit ein Umschwung von der Konsumentenrente zur Produzentenrente. Dieser Umschwung selbst ist aber kein Wohlfahrtsverlust für die Gesellschaft an sich. Der Grund für die sozialen Kosten liegt in der Tatsache, dass im Monopol weniger Nachfrage und zeitgleich weniger Produktion stattfindet. Ein Wohlfahrtsverlust ergibt sich also aus Verlust der Konsumenten- und Produzentenrente.
Weiterhin schöpft der Monopolist sein Möglichkeiten aus, indem er seine Güter zu unterschiedlichen Preisen, je nach Konsument, anbietet. Dies wird auch Preisdiskriminierung genannt.[11]

---

[10] Vgl. Schenk et al. (2018), S. 82
[11] Vgl. Schenk et al. (2018), S. 83-86

2.   Aufgabe

2.1 Arten von Gütern

Unter dem Begriff Güter sind materielle und immaterielle Dinge zu verstehen, die die Bedürfnisse eines Menschen befriedigen. Dabei stehen diese Bedürfnisse immer in Verbindung mit dem wirtschaftlichen und gesellschaftlichen Umfeld einer Person. So unterscheiden sich die Bedürfnisse einer Person, die in einem Entwicklungsland lebt, stark von denen einer Person, die in einem Industriestatt lebt. Weiters werden Bedürfnisse auch durch die Traditionen und Werte der Gesellschaft beeinflusst.

Güter lassen sich grob in die zwei Kategorien „freie Güter" und „wirtschaftliche Güter" einteilen. Freie Güter gibt es in Fülle und stehen in einem Ausmaß zur Verfügung (z.B. Sonne), sodass eine genauere Unterteilung hier nicht notwendig ist. Wirtschaftliche Güter hingegen sind knapp in Bezug auf die Bedürfnisse der Menschen. Diese Form der Güter hält der Konsument für eine Gegenleistung. Daher spielen sie in den Wirtschaftswissenschaften eine zentrale Rolle. [12]

Idealerweise lassen sich Güter in Bezug auf die Volkswirtschaft durch zwei Kriterien in vier Kategorien einteilen.
Die Kriterien sind zum einen die Ausschließbarkeit und zum anderen die Rivalität der Güternutzung.

Unter Ausschließbarkeit versteht man das Ausschließen von Personen, die nicht für das Gut zahlen oder keine Eigentumsrechte besitzen. Rivalität der Güternutzung ist die Beeinträchtigung einer Person durch den Konsum des Guts durch eine weitere Person. Ein vereinfachtes Beispiel dafür ist das Fischen in einem See. Fischt Person A, stehen Person B weniger Fische zum Angeln zur Verfügung.

---

[12] Vgl. Neubäumer et al. (2017), S. 4-7

Aufgrund dieser zwei Kriterien können Güter in die vier folgenden Kategorien unterteilt werden:[13]

Private Güter

Privatgüter, auch Marktgüter genannt, entstehen durch die Ausschließbarkeit sowie durch die Rivalität. Zahlt der Konsument nicht für das Gut, erhält er es auch nicht und ist vom Gebrauch ausgeschlossen. Wurde das Gut verkauft, hat kein anderer Konsument die Möglichkeit, genau dieses Gut zu erwerben. Somit herrscht ebenfalls Rivalität.[14] Ein Beispiel dafür ist der Kauf eines Streuselkuchens. Möchte Person A nicht für den Streuselkuchen zahlen, wird sie ihn auch nicht erhalten. Kauft Person B den Streuselkuchen, hat Person A nicht mehr die Möglichkeit, sich umzuentscheiden und ihn doch zu kaufen, da er bereits verkauft wurde.

Öffentliche Güter

Bei Kollektivgütern werden beide oben genannten Kriterien nicht erfüllt. Öffentliche Güter schließen keine Person aus, da es unmöglich wäre, jeden einzelnen, der nicht bereit ist, zu zahlen, von öffentlichen Gütern auszuschließen. Ebenfalls beeinträchtigt die Nutzung des öffentlichen Guts durch einer Person nicht die Nutzung für eine andere Person. Beispiele hierfür sind die Verteidigung und der Schutz eines Landes, wie beispielsweise der Bau von Dämmen gegen Hochwasser oder die Armee. Hierbei wird niemand vom Schutz ausgeschlossen und der Schutz einer Person mindert nicht den Schutz einer weiteren.

Allmendegüter

Bei Allmenden Gütern tritt zwar die Rivalität der Güternutzung auf, die Ausschließbarkeit ist jedoch nicht gegeben. Allmendegüter können auch als gemeinschaftliches Gut bezeichnet werden und sind beispielsweise die Meere, Wälder, Seen oder die Umwelt. Sie sind schwer zu kontrollieren und jedem offen.

---

[13] Vgl. Mankiw, Taylor (2018), S. 315-316
[14] Vgl. Neubäumer et al. (2017), S. 6

Daher sind diese Güter anfällig für Ausbeutung oder Zerstörung. Deshalb bestehen Auflagen zum Schutz dieser Güter oder die Möglichkeit der Privatisierung

Klubgüter

Ist das Ausschließen einzelner Personen möglich, aber keine Rivalität vorhanden, ist die Rede von sogenannten Clubgütern. Dies kann beispielsweise eine Aufführung im Theater sein. Weigert sich eine Person zu zahlen, darf sie die Vorstellung nicht sehen. Gleichzeitig hat ihre Teilnahme an der Vorstellung keinen direkten Nachteil für andere Gäste.[15]

	Ausschließbarkeit im Konsum	Keine Ausschließbarkeit im Konsum
Rivalität im Konsum	Marktgüter	Allmendegüter
Keine Rivalität im Konsum	Klubgüter	Kollektivgüter

Tabelle 2: Güterklassifikation
(Quelle: eigene Darstellung, in Anlehnung an Schenk, Schanz, Koch 2018, S.93)

2.2 Meritorische Güter

Meritorische Güter werden am freien Markt von privaten als auch staatlichen Anbietern bereitgestellt. Bei meritorischen Gütern liegt das Problem vor, dass allein am freien Markt die Wahrscheinlichkeit hoch ist, dass der Konsum relativ klein ausfällt. Deshalb greift bei meritorischen Gütern der Staat ein, wenn dem Konsumenten am freien Markt nicht der Nutzen des Gutes vollständig dargelegt werden kann und deshalb die Nachfrage zu gering ist.

Es handelt sich beispielsweise um Produkte, die in der Gegenwart bezahlt werden müssen, aber erst in der Zukunft genutzt werden.

Meritorische Güter können sein:

---

[15] Vgl. Schenk et al. (2018), S. 92

- Bildung

- Gesundheitsvorsorge

- Altersvorsorge

- Versicherungen

Der Staat will durch günstige Steuersätze, Förderungen und Ähnliches in den genannten Bereich einen Anreiz für Konsumenten schaffen, wenn diese nicht den Wert des Gutes erkennen.

<u>Bildung als meritorisches Gut</u>
Nach dem Pflichtschulabschluss haben junge Menschen verschiedene Möglichkeiten, ihre weitere Bildungslaufbahn zu wählen. Oft ist aber nicht möglich, im Voraus zu wissen, welche Entscheidung die günstigste ist. Entscheidet sich ein Schüler nach seinen Pflichtschuljahren für das Abitur und absolviert dieses, hat er die Möglichkeit, zu studieren oder zu arbeiten – oder eventuell beides zeitgleich. Ganz gleich, wie er sich entscheidet, kann er zum Zeitpunkt der Entscheidung noch nicht Wissen, wie seine Zukunft nach dem Studium aussehen wird. Auch kann seine Entscheidung von den Kosten abhängen. Da es im Interesse des Staates ist, einen hohen Lebensstandard in der Gesellschaft zu schaffen, wird der Staat Möglichkeiten bieten, um dem jungen Menschen die Entscheidung zu erleichtern oder Alternativen zu bieten. Beispielsweise durch staatlich geförderte Stipendien. [16]

2.3 Meritorische Güter in Deutschland

Der Bundesrepublik Deutschland sind Bereiche wie Bildung und Gesundheit ein wichtiges Gut. Daher hat sich über Jahrhunderte ein kostenfreies, öffentliches Schul- sowie Hochschulsystem entwickelt. Es wird als wichtig erachtet, einer breiten Masse Bildung zugänglich zu machen, um in der Bevölkerung einen hohen

---

[16] Vgl. Mankiw, Taylor (2018), S.315-317

Standard im geistigen, wissenschaftlichen, künstlerischen sowie handwerklichen Bereich zu ermöglichen. [17]

In welchen Bereichen der Staat in meritorische Güter eingreift, kann man unter anderem durch die Investitionen und die Anzahl der Beschäftigten im öffentlichen Dienst nachvollziehen (Auflistung ist nicht abschließend):

- Sicherheit und Schutz (Polizei und Bundeswehr)
- Bildungswesen
- Forschung
- Soziale Sicherung
- Familie und Jugend
- Kinderbetreuung
- Gesundheit und Sport
- Krankenhäuser
- Wissenschaft[18]

3. Aufgabe

3.1 Das Klassische System

Das klassische System, das aus der Ära des Merkantilismus stammt, wurde maßgeblich von Adam Smith (1723-1790), David Ricardo (1772-1823), John Stuart

---

[17] Vgl. Heintze (2007), S. 17.
[18] Statistisches Bundesamt (Datenbank Destatis), 2021

Mill (1806-1873), Thomas Robert Malthus (1766-1834) und Jean Baptiste Say (1767-1823) formuliert. Smith wollte das komplexe wirtschaftliche System analysieren und tat dieses, indem er das Wirtschaftssystem mit einer Art „unsichtbare Hand" erklärte.

Ihm zufolge konnte ein Individuum kein persönliches und privates Interesse durchsetzen, ohne gleichzeitig durch diese Tat automatisch den Wohlstand des Staates zu unterstützen. Dies geschah durch seine beschriebene, unsichtbare Hand. Seine Analyse hielt er in seinem 1776 erschienenen Werk „Der Wohlstand der Nationen" fest.[19]

Das Klassische System basiert auf den eigennützigen Gedanken und Zielen eines Einzelnen, sowie auf die Macht des freien Marktes.

Smiths Analyse lag die Frage zugrunde, weshalb Menschen eigennützige Interessen verfolgen und welche Auswirkungen sich durch die Umsetzung dieser Ziele ergeben.

Smith hat erkannt, welche bedeutende Rolle das Marktsystem innehat, das heute zentraler Mittelunkt der Wirtschaftswissenschaften ist. Das System verbindet die Anbieter und Nachfrager miteinander, wobei der Preis eine Art Signal darstellt, welches das gegenseitige Verhalten von Käufer und Verkäufer beeinflusst. Zu Beginn seiner Analysen stellte Smith simple Hypothesen auf, um das Marktsystem und das Verhalten der Einzelnen nachvollziehen zu können. Im Laufe der Zeit entwickelten sich diese Vermutungen, Analysen und Beobachtungen und wurden immer komplexer.

Der Klassischen Nationalökonomie zufolge ist das Marktsystem das effektivste Mittel der Zuweisung von Ressourcen, die nur in einer knappen Menge verfügbar sind.

Zusammengefasst sind die wichtigsten Ansätze der Klassik:

---

[19] Vgl. Schenk et al (2018), S. 26-27

Der Staat nimmt eine Hintergrundrolle ein, schreitet kaum ein und stellt lediglich die Effizienz des Marktsystems sicher. Das erreicht der Staat mithilfe von Gesetzen, durch den Rechtsstaat, die Sicherung von Eigentum und den Schutz der Bevölkerung mit einer Landesverteidigung.

Weiters basiert die Klassische Nationalökonomie auf Individuen, die zum eigenen Vorteil und mit privaten Zielen agieren, um den persönlichen Wohlstand zu verbessern.

Der Markt reguliert sich selbst, indem Angebot und Nachfrage sich ständig ausgleichen, wobei der Preis als Signal für beide Seiten dient. Das Eigeninteresse des Einzelnen führt am Markt im freien Wettbewerb zu einem Ausgleich zwischen dem Verbrauch, dem Preis, dem Lohn sowie der Produktion.[20]

3.2 Das Keynesianische System

John Maynard Keynes' (1883-1946) makroökonomische Theorie des Keynesianismus entstand maßgeblich durch die Weltwirtschaftskrise in den Jahren 1929-1933.

Keynes suchte Möglichkeiten, durch die der Staat mithilfe einer aktiven Wirtschaftspolitik aus der Krise kam. Er war sich sicher, die bis dato bekannten ökonomischen Theorien müssten kritisch betrachtet werden.

Durch die bereits bekannten Theorien wurde angenommen, die Arbeitslosigkeit sei bald vorbei, da sich der freie Markt, Angebot, Nachfrage, Konsum und Lohn selbst regulieren.

Keynes Theorie ist makroökonomisch, da er sich im Gegensatz zur mikroökonomischen, klassischen Nationalökonomie nicht auf einzelne Unternehmen bezog, sondern alle Unternehmen gemeinsam betrachtete – als gesamtwirtschaftliche Größe. Für ihn war entscheidend, wie man in dieser Krise die

---

[20] Mankiw, Taylor (2018), S.614-615

Ausgaben einzelner Unternehmen reduzieren könnte, stattdessen, wie die Nachfrage im gesamten gesteigert werden kann.
Keynes zufolge beherrschte die Nachfrage das Ausmaß des Angebots, wovon wiederrum eine geringe Arbeitslosigkeitsrate abhängt. Ein Unternehmen mit einer großen Produktionsmenge aufgrund großer Nachfrage, muss keine Kosten für Mitarbeiter einsparen.[21]

Unterschieden wird zwischen vier Nachfragekomponenten. Zum einen gibt es die Nachfrage einzelner Haushalte, die vom Lohn und somit von Unternehmen abhängen. Die Investitionen der Unternehmen, die Nachfrage aus dem Ausland und die Nachfrage des Staates sind die weiteren Komponenten. Keynes Ansichten zufolge war die Nachfrage des Staates die einzige Möglichkeit, die Krise zu überwinden, indem er mehr Nachfrage auf Staatskosten generierte.

Um ein stabiles Wirtschaftssystem zu sichern, muss der Staat im Keynesianischen Modell azyklisch eingreifen. Dies bedeutet, dass in den Zeiträumen eines Konjunkturrückgang die Marktwirtschaft durch Fiskalpolitik angekurbelt wird. Es wird mehr ausgegeben, als erwirtschaftet wird und Schulden entstehen, um die Nachfrage im gesamtwirtschaftlichen zu bestärken.
Durch neue Aufträge werden Arbeitskräfte benötigt und die Quote der Beschäftigten steigt. Durch die steigende Beschäftigung wird die Nachfrage stärker, da sich mehr Menschen die Güter leisten können. In den Phasen eines wirtschaftlichen „Booms" arbeitet der Staat mit höheren Steuern und spart hingegen. Die Schulden, die während des Konjunkturrückgangs angefallen sind, werden in diesem Zeitraum ausgeglichen.
So nimmt der Staat in Keynes Modell im Gegensatz zum Klassischen Modell eine sehr aktive und bestimmende Rolle ein, setzt die Rahmenbedingungen fest und tritt als Schutz- und Ordnungsorgan auf.[22]

---

[21] Mankiw & Taylor; 2018, S.618
[22] Vgl. Schenk, Schanz, Koch 2018, S. 32-34

3.3 Gegenüberstellung von Klassik und Keynesianismus

Zusammenfassen möchte ich die wichtigsten Unterschiede zwischen Keynesianismus und Klassik erwähnen.

Im klassischen Modell nach Smith greift der Staat kaum bis gar nicht in das Marktsystem ein. Hingegen setzt im keynesianischen Modell der Staat durchaus Maßnahmen, um die Nachfrage zu erhöhen und Arbeitsplätze zu schaffen. Das passiert durch azyklisches Eingreifen in den Konjunkturzyklus. Die dadurch künstlich erhöhte Nachfrage führt schließlich zu einem ansteigenden BIP des Landes.

Das Klassische Modell agiert angebotsorientier, während nach Keynes das Marktsystem nachfrageorientiert ist.

Während dem klassischen Modell zufolge die Löhne und Preise flexibel sind, sind sie der Keynesianischen Theorie zufolge kaum flexibel.

Während der Keynesianismus auf kurzfristige Sicht Entlastung für den Wirtschaftsmarkt bringen soll, ist die Klassik eine langfristige Form der Wirtschaft, da vor allem die steigende Produktion nicht sofort bemerkbar ist.

3.4 Aktuellen Zinssituation in der EZ, welches ist das derzeitige Modell

Die Zinsentwicklung wird maßgeblich von der Europäischen Zentralbank (EZB) gelenkt. Die EZB wurde 1998 mit dem Ziel gegründet, das Preisniveau am Markt stabil zu halten. Die EZB ist für das Festlegen der Leitzinse verantwortlich, die Einfluss auf die wirtschaftliche Situation, den Wechselkurskurs und die Inflation haben. Banken leihen ihr benötigtes Geld bei der EZB, die die Leitzinsen festlegt. Am 22. Juli 2021 war die bis dato letzte Sitzung des EZB-Gremium, bei dem erneut der Hauptrefinanzierungssatz von 0,00% beschlossen wurde.[23] Bereits seit 2016 liegt sie bei diesem Wert und soll Experten zufolge in absehbarer Zeit auch nicht steigen. Während der Wirtschaftskrise im Jahr 2008 lag der Leitzins noch bei 4,25%

---

[23] Eilinghoff, 2021

und sank bis 2009 auf 1%. Seitdem hat die EZB den Leitzins fast konstant gemindert.[24]

Dies weist auf das Modell von Keynes hin, nachdem sich der Staat und die Geldpolitik azyklisch an den Konjunkturzyklus anpasst. Die EZB will damit den Banken ermöglichen, das Geld günstiger an Unternehmen vergeben können und Konsumenten zum Kaufen anzuregen. So soll die Wirtschaft wieder florieren.

Auch durch die Corona-Pandemie zeichnet sich deutlich das Modell nach John Maynard Keynes in den gesetzten Maßnehmen der EZB ab.

Im September 2019 teilte die EZB mit, dass die Zinssätze gleichbleiben werden, bis die Annäherung and die Zielinflation von 2% eintritt. 2021 stellt die EZB vier langfristige „Pandemie-notfallfinanzierungsgeschäfte" an. Auf diesem Weg soll auch während der Pandemie der Geldmarkt stabil bleiben und Engpässe bei Liquidität ausgeglichen werden. Ebenfalls wurde im September 2020 ein Notfallkaufprogramm um weitere 600 Milliarden Euro auf 1350 Milliarden Euro aufgestockt, um Unternehmen und Haushalte finanziell zu versorgen.

Ende des Jahres 2020 wurde das Programm erneut auf 1850 Milliarden Euro aufgestockt. Damit sollen europäische Staats- und Unternehmensanleihen gekauft werden. [25]

Zwar entspricht die Politik der EZB dem Modell von Keynes, so ist die derzeitige Geldpolitik sehr unvorteilhaft für all jene, die Sparen wollen. Sie müssen mit einem hohen Zinsverlust rechnen. Trotzdem ist die Sparquote in der Corona-Pandemie massiv angestiegen, was gegen John Maynard Keynes Theorie spricht. Anzunehmen ist, dass dies mit den verhängten Lockdown, der Teilweise eingetretenen Kurzarbeit oder auch den Branchen, in denen kaum Einnahmen zu verbuchen waren, zusammenhängt.[26]

---

[24]https://de.statista.com/statistik/daten/studie/201216/umfrage/ezb-zinssatz-fuer-das-hauptrefinanzierungsgeschaeft-seit-1999/
[25] Eilinghoff, 2021
[26] Statista, 2021

Literaturverzeichnis

Eilinghoff, D. (2021), So geht es mit den Zinsen weiter, In: https://www.finanztip.de/zinsentwicklung/ [Zugriff am 07.09.2021]

Heintze, C. (2007), Bildung und Gesundheit als öffentliche Güter im wohlfahrtsstaatlichen Kontext, Leipzig.

Kainrath, V. (2021), Supermarktkette Merkur wird in Billa Plus umbenannt, In: https://www.derstandard.at/story/2000123686140/supermarktkette-merkur-wird-in-billa-plus-umbenannt [Zugriff: 06.09.2021]

Kocher, M. (2009), Monopol und Preisdiskriminierung, In: https://www.experimentalforschung.econ.uni-muenchen.de/studium/veranstaltungsarchiv/mikro1/mikro1-11_09ss_not.pdf [Zugriff am: 05.09.2021]

Mankiw, N., Taylor, M. P. (2018), Grundzüge der Volkswirtschaftslehre, 7. Aufl., Stuttgart.

Neubäumer, R., Hewel, B., Lenk, T. (2017), Volkswirtschaftslehre. Grundlagen der Volkswirtschaftstheorie und Volkswirtschaftspolitik, 6. Aufl.

Schenk, H., Schanz, S., Koch, M. (2018), Mikroökonomie. Studienbrief der SRH Fernhochschule, Riedlingen.

Statista (2021a), Entwicklung des Zinssatzes der Europäischen Zentralbank für das Hauptrefinanzierungsgeschäft von 1999 bis 2021, In: https://de.statista.com/statistik/daten/studie/201216/umfrage/ezb-zinssatz-fuer-das-hauptrefinanzierungsgeschaeft-seit-1999/ [Zugriff am: 07.09.2021]

Statista (2021b), Sparquote der privaten Haushalte in Deutschland von 1991 bis 2020, In: https://de.statista.com/statistik/daten/studie/2699/umfrage/entwicklung-der-sparquote-privater-haushalte-seit-1991/ [Zugriff am: 07.09.2021]

Statistisches Bundesamt (2021), Datenbank Destatis. Beschäftigte des öffentlichen Dienstes nach Aufgabenbereichen, In: https://www.destatis.de/DE/Themen/Staat/Oeffentlicher-Dienst/Tabellen/beschaeftigte-aufgaben.html [Zugriff am: 07.09.2021]

Strotebeck, F. (2020), Einführung in die Mikroökonomik, Wiesbaden.

Weitz, B., Eckstein, A. (2011), VWL Grundwissen, 2. Aufl., Haufe.

Zohlnhöfer, W. (1974), Wettbewerb, Marktmacht und Marktbeherrschung, *Wirtschaftsdienst, Vol. 54*, Hamburg.

BEI GRIN MACHT SICH IHR WISSEN BEZAHLT

- Wir veröffentlichen Ihre Hausarbeit, Bachelor- und Masterarbeit

- Ihr eigenes eBook und Buch - weltweit in allen wichtigen Shops

- Verdienen Sie an jedem Verkauf

Jetzt bei www.GRIN.com hochladen und kostenlos publizieren